線《せん》路《ろ》わきの子やぎ

にしかわ とよこ 詩集

おむら まりこ 絵

JUNIOR POEM SERIES

もくじ

1　むしのうた

1　むしのうた

たもとの中の虫へん

むかしの人には
着物《きもの》のたもとに入るほど小さな生きものは
みんなムシだったらしい
真夏《まなつ》に歌うセミも
田んぼで泳《およ》ぐカエルも
夕暮《ゆうぐ》れに飛《と》ぶコウモリも
みんなムシ
蝉《せみ》　蛙《かえる》　蝙蝠《こうもり》

虫へんがつく　ムシの仲間《なかま》

小さな滝《たき》でしぶきと遊《あそ》ぶ
七色のニジも
雨上がりの大空で
遠い村々をつなぐニジも
虹《にじ》
虫へんがつく　ムシの仲間
むかしのだれかの
着物のたもとに入ったらしい

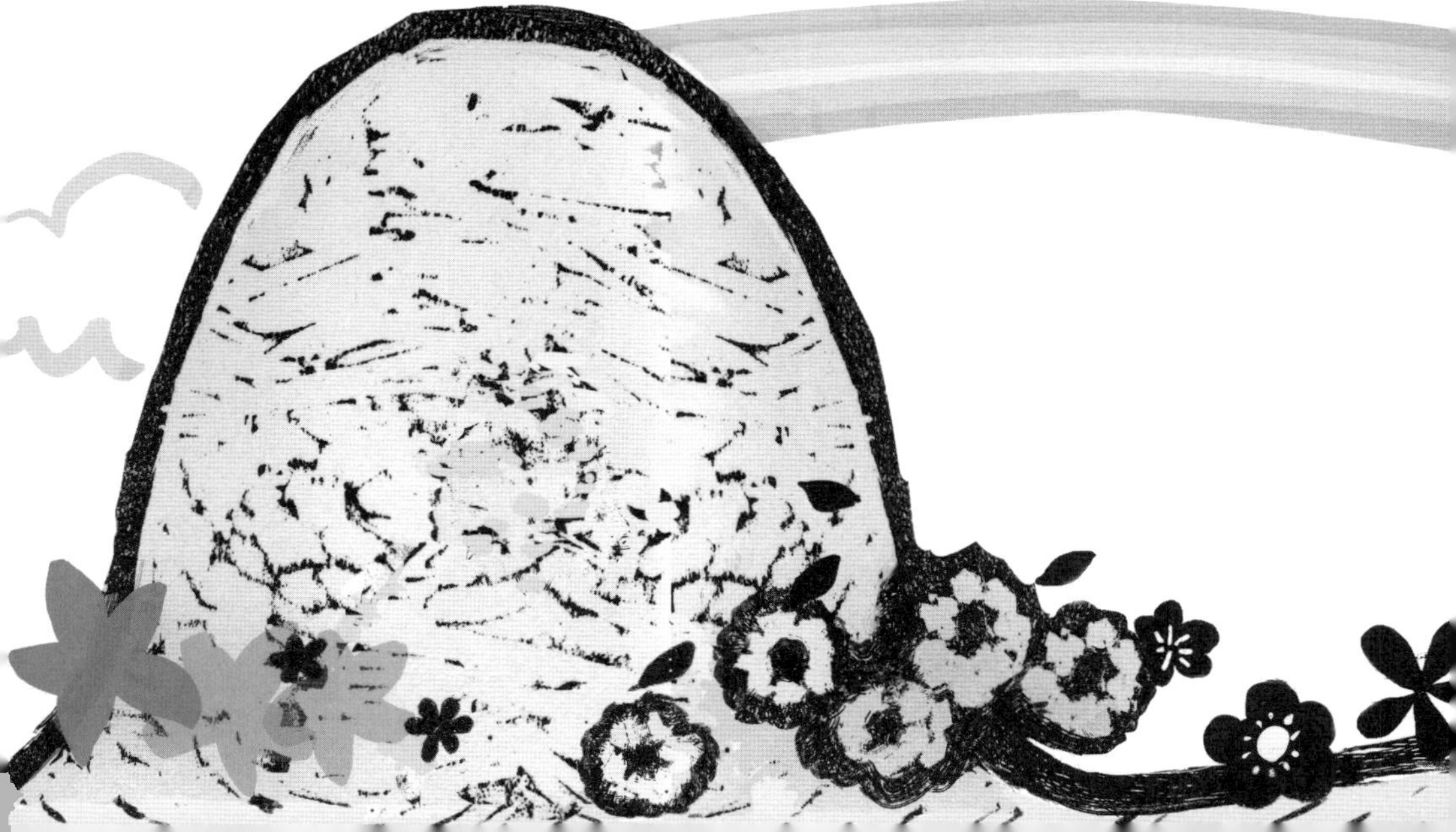

カエルが鳴いている

蒼《あお》い夜を
街《まち》のあかりが照《て》らすころ
聞こえてくる
カエルたちの声

小さなたんぼで
カエルが泳《およ》ぐ
カエルに追《お》われて

ゲンゴロウが逃《に》げる
カエルをねらって
サギは息《いき》をひそめる

街のすぐそばで
カエルが鳴いている

ころがねむし

木々より高いマンションの
廊下《ろうか》でころがる
ころがねむし
手足ばたばた動《うご》かして
ひっくりかえった
ころがねむし

人《ひと》さし指《ゆび》をさし出せば
いがいがの足食《く》い込《こ》ませ

ひっしとしがみついてきた
外に向《む》かって指させば
羽をひろげる
こがねむし
空をめざして飛《と》んで行け
ころがねむしには
もう　なるな

あたたまる

おひさまのぬくもりを
いっぱいに受《う》けた洗濯物《せんたくもの》
カメムシはやわらかいシャツで
こわばる肩《かた》をあたためていた
カメムシを見つけた人間は
ガラス窓《まど》を開《あ》けてシャツを振《ふ》る
カメムシはシャツからふるい落《お》とされ
つめたい風に羽を広げた

出しっぱなしの雨戸の
空《から》っぽのままの戸袋《とぶくろ》に
テントウムシの大家族《だいかぞく》
みんな集《あつ》まりおしくらまんじゅう
テントウムシを見つけた人間は
かわいいからと見逃《みのが》した
二星《ふたほし》　七星《ななほし》　十九星《じゅうくほし》
戸袋の中で冬越《こ》した

スイッチョン

フロントガラスの
スイッチョンは
スピード出してもはなれない
斎場《さいじょう》からの帰り道

気づけばいない
スイッチョンは
草むらの中　鳴いている
主《あるじ》のいない庭《にわ》のすみ

クモの大工の大仕事《おおしごと》

クモの大工の大仕事
左右の幅《はば》と　まん中を
測《はか》って三本　糸を張《は》れ

おひさま沈《しず》まぬ好立地《こうりっち》
ねむる間もなく飯《めし》食える
りっぱな家をつくるんだ

家の広さが決《き》まったら
まん中の糸　結《むす》ぶように

放射《ほうしゃ》に広げて　糸を張れ
放射の糸は　足場糸
外から内へぐるぐると
足場をつたって　糸を張れ

もうすぐ終《お》わる　完成《かんせい》だ
広い新居《しんきょ》のまん中で
足をのばして一休み

ところがそこで大事件《だいじけん》
人間一人やってきて

クモの大工を見上げてる

人間が左の糸を切る
新居《しんきょ》がぐらり　ゆれている
人間が右の糸を切る
新居はくるくる丸まって
クモの体にからまった
人間は家に入って行く

ここには家を作れない
クモの大工は逃《に》げ出《だ》した
人間のすむ　玄関先《げんかんさき》

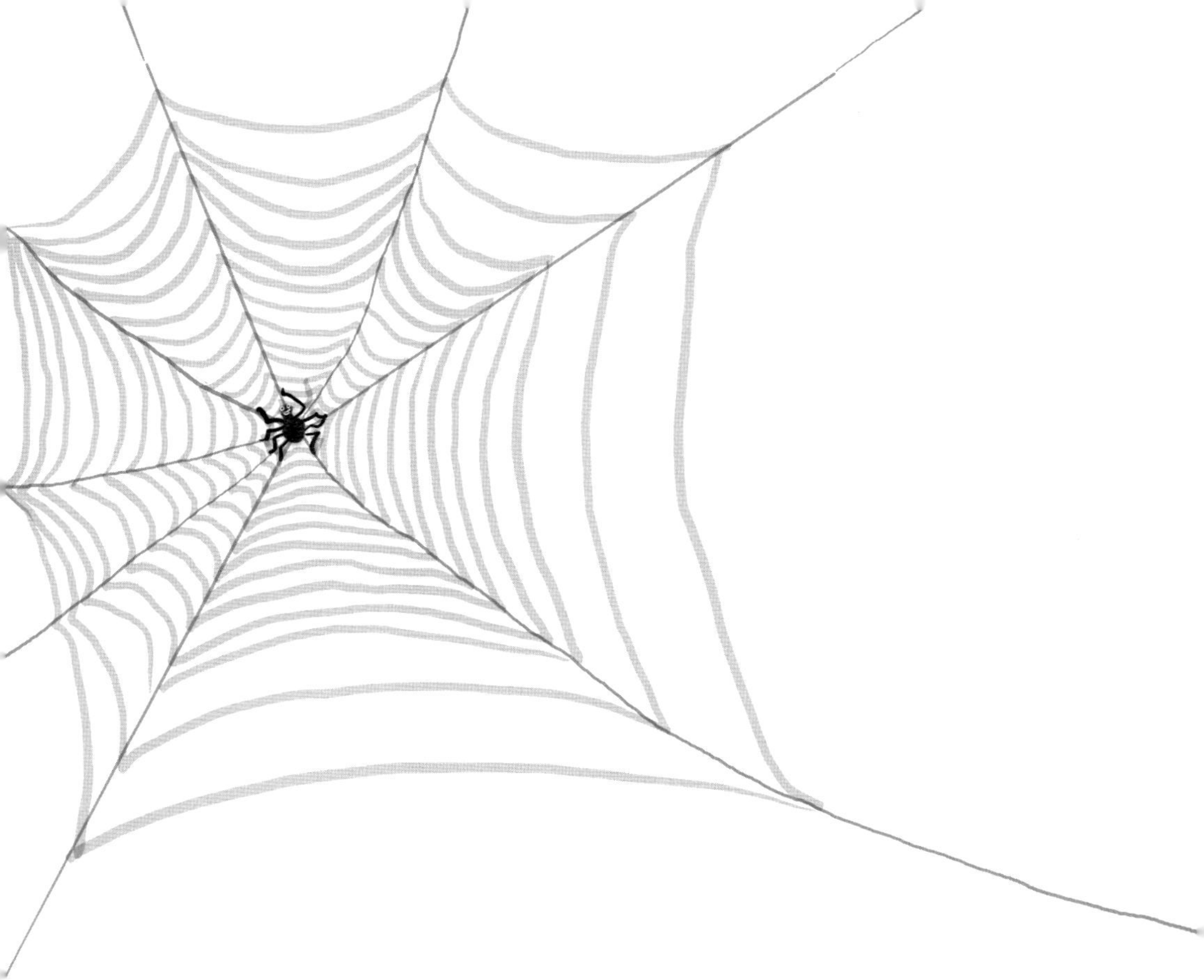

昆虫警察《こんちゅうけいさつ》　午後三時

オニヤンマ警部《けいぶ》は緑色《みどりいろ》の目で
前後左右に目をこらす
黒と黄色の背筋《せすじ》をぴんとのばして

こちら山道　山道
あやしい人物《じんぶつ》を発見《はっけん》しました
これから偵察《ていさつ》に向《む》かいます、どうぞ

大きな白い網《あみ》をもった
人間の子どもを追《お》いかける

肩《かた》から下げたすきとおる箱《はこ》には
コクワガタが捕《と》らえられているようだ

そこの子ども、止まりなさい

四枚《まい》の長い羽をふるわせ
かすかなうなり声をたてる
得意《とくい》のホバリングで
逃《に》がさぬように警戒《けいかい》を続《つづ》ける

子どもは立ち止まると
目をまるくしてオニヤンマ警部を見つめた

一瞬《いっしゅん》の油断《ゆだん》で
ふるえる羽が
子どもの指《ゆび》ではさみ込《こ》まれる

すげー、オニヤンマだ

箱《はこ》のふたが開《ひら》き
放《ほう》り込《こ》まれそうになったとき
コクワガタがせまい出口から飛《と》び出《だ》した

こら、にげるな

子どもが指を放《はな》し
オニヤンマ警部《けいぶ》も飛んで逃《に》げた

こちら山道　山道
コクワガタ一名　救出成功《きゅうしゅつせいこう》
あやしい人物《じんぶつ》はまだ
山道を歩き続《つづ》けている模様《もよう》です、どうぞ

昆虫警察《こんちゅうけいさつ》は
みなの安全《あんぜん》を守《まも》るため
今日も警備《けいび》を続《つづ》けている

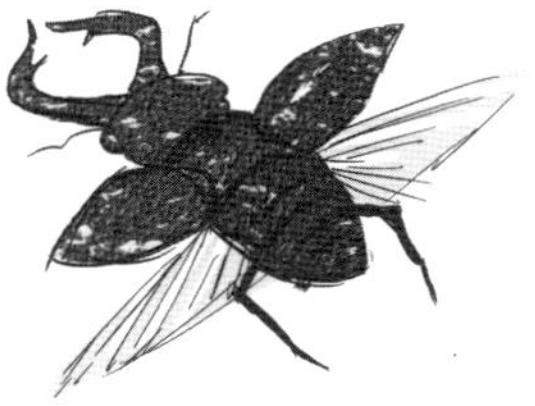

測《はか》った人にあこがれて

一寸《いっすん》　二寸、一歩　二歩
タンポポの花は一歩で一寸
くきの長さは十歩で一尺《しゃく》
シャクトリムシは　歩いて測る

伊能忠敬《いのうただたか》という人は
広い日本　すみからすみまで
歩いて測っていたそうだ

それならおいらも　歩いて測る
この森ぬけて　遠くまで
ハルジョオンまで一尺五寸
クヌギの木まで三尺二寸……

注　一寸、一尺は、長さの単位。
一寸は約３cm。一尺は約30cm。

かまきり坊《ぼう》さん

かまきり坊さんお香《こう》をたいて
なんなんなんなん　おがんでる

夏の夕べのやぶの中
大きなおなかの蚊《か》の女房《にょうぼう》
ふくふくこえた人の手で
ぴしゃんとたたかれ　つぶれたと

ふわりそろそろ　とびながら
女房おがむ蚊の旦那《だんな》
お香のけむりにいぶされて
旦那は床《ゆか》に　おっこちた

かまきり坊さんお香をたいて
なんなんなんなん　おがんでる

はぐれホタル

盆提灯《ぼんぢょうちん》にさそわれて
はぐれホタルがゆらり飛《と》ぶ
山のたんぼの用水路《ようすいろ》
暑《あつ》さにぼうと目覚《めざ》めれば
ホタルのなかまは
もういない

盆提灯にさそわれて
山の墓場《はかば》に来てみれば
大きな光　人の霊《たま》
送《おく》り火《び》焚《た》かれ送られる

はぐれホタルは火を灯《とも》し
ひとだま追《お》って飛んでった
光るなかまと
飛んでった

ナナフシ校長のはなむけの言葉《ことば》

卒業《そつぎょう》おめでとう
みなさんは今日　社会へと旅立《たびだ》ちます

社会に出ると
理不尽《りふじん》な思いや
恥《は》ずかしい思いをすることがあるでしょう
けれども正しい行いは
誰《だれ》かがきっと見ていてくれます
背筋《せすじ》は常《つね》にまっすぐに伸《の》ばし
コソコソと　逃《に》げ隠《かく》れせずに

堂々《どうどう》と生きて下さい

校長の言葉に
カマドウマは丸まった背筋を伸ばし
カマキリは鎌《かま》で涙《なみだ》をぬぐった

ナナフシ校長は
卒業生たちを見送《みおく》ると
講堂《こうどう》の白い壁《かべ》で　長い足を伸《の》ばした
その様子《ようす》を
離《はな》れた木の枝《えだ》から
モズが　じっと見ていた

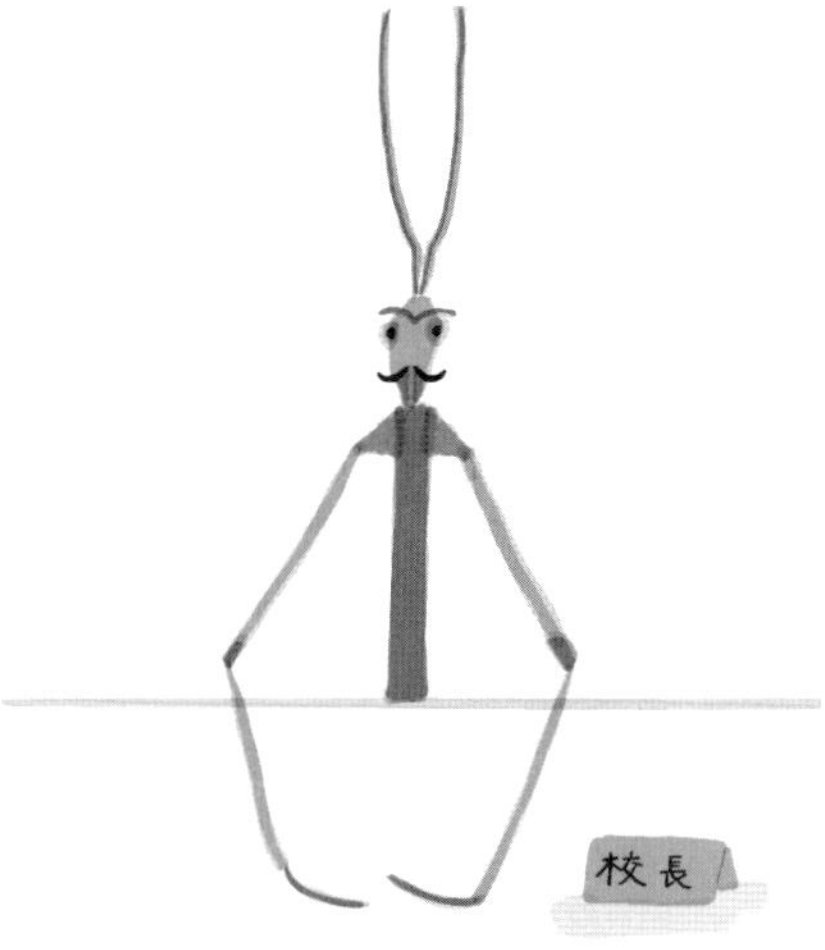

2　生きものたちのうた

ツバメの巣立《すだ》ち

ビルにかこまれたロータリーで
ツバメたちが飛《と》んでいる
ビルに当たって回る風にのって
輪《わ》をかいて飛んでいる
「ちゃんとついてきているかい」
なかまと声をかけ合って

このビルの軒先《のきさき》で生まれたツバメたち
もうすぐロータリーから飛び立《た》っていく
地上では
何台もの車が
輪をかいて走っている

サンゴの海

サンゴの海の中
小魚たちは
たくさんの日の光に
華《はな》やかな姿《すがた》を映《うつ》して遊《あそ》ぶ

日の光が
大きな影《かげ》で覆《おお》われたら

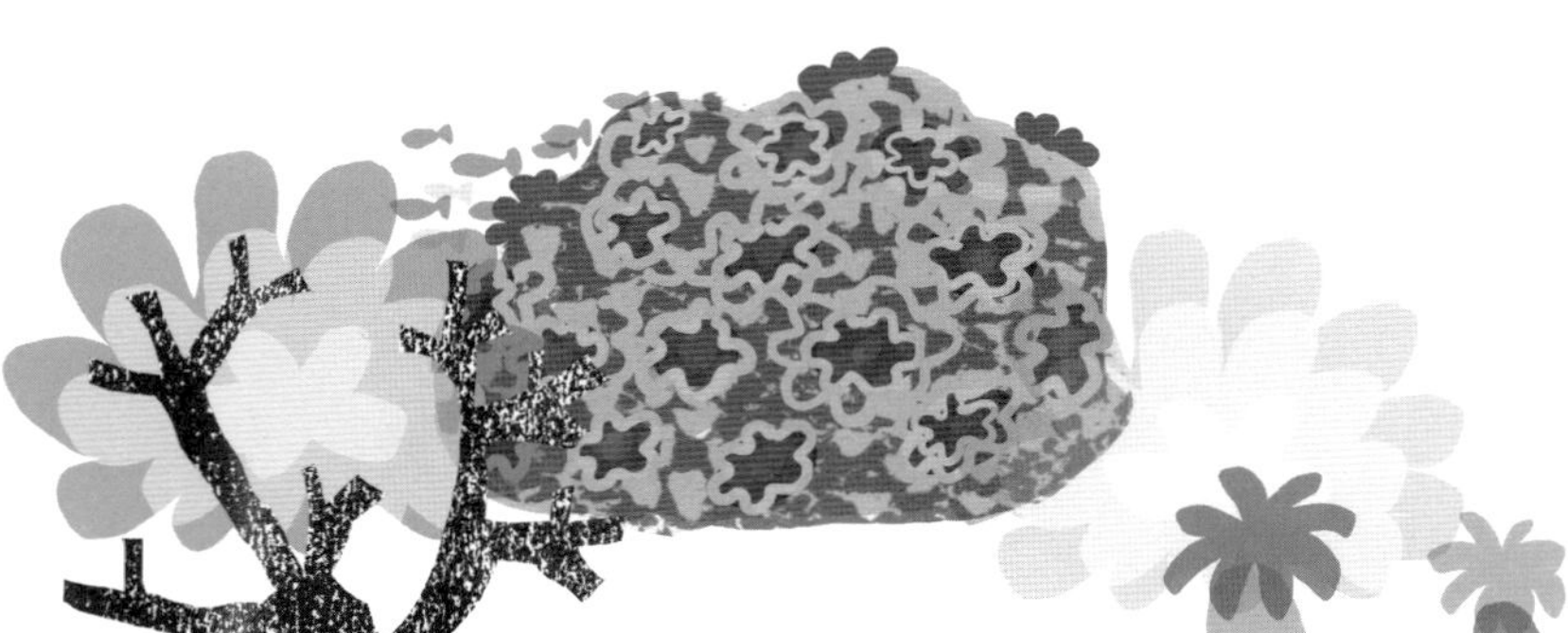

サンゴの枝《えだ》にウインクをして
隠《かく》れてしまう

サンゴは何食わぬ顔をして
大きな魚たちに
ごきげんいかがと
手を振《ふ》っている

ウミガメの島《しま》

おやまあ
また人間どもがやってきて
俺《おれ》にカメラを向《む》けておるわ
俺はほら
この崖《がけ》のくぼみが住《す》まいでなあ
体をすっぽり差《さ》し込《こ》んで
海が明るくなっても
暗《くら》くなっても
のんびりするのが好《す》きなんだ
ときどきくぼみから泳《およ》ぎ出て
波《なみ》に揺《ゆ》れる海藻《かいそう》を食いに行く

若《わか》い頃《ころ》には
海面《かいめん》近く
おひさまの光を浴《あ》びながら
彼女《かのじょ》とデートをしたもんだ
ただよう花びらをプレゼントしてな

頭の上で
ゴリゴリ　島が削《けず》られた時
住まいがこわれるかと思ったものだ
なんでも人間どものでっかい宿《やど》ができるらしい
その後は
俺を見に来る人間どもがどっと増《ふ》えた
暗《くら》くなった海の中で

突然《とつぜん》俺《おれ》に灯《あか》りを向《む》ける奴《やつ》もいて
のんびりできなくなってきた
人間の出す大きな泡《あわ》を
憎《にく》く思うようになった
でもな
気づけば人間は
また少なくなっていた
俺の住《す》まいの上にあった
人間どものでっかい宿《やど》はこわされて
限《かぎ》られた数の人間だけが
この島《しま》に来るんだと
おしゃべりな若《わか》いカメが言っていた

俺は昔《むかし》この島で生まれて
小さな手足で砂《すな》をかいて
海に入った
この島で育《そだ》ち
この島で生きる

いつか砂になるときは
きっとこの島の砂になる
仲間《なかま》は昔《むかし》
洞窟《どうくつ》に入って
そのまま　骨《ほね》と甲羅《こうら》を残《のこ》したがな

ネコジャラシがいっぱい

空き地でまよったフワフワのこねこ
ネコジャラシをみつけてとびついた

こねこがとびつく
ネコジャラシがゆれる
ゆれるネコジャラシ
こねこがとびつく

広い空き地はネコジャラシがいっぱい
フワフワのこねこはつかれてひるね

こねこのゆめで
ネコジャラシがゆれる
ゆれるネコジャラシ
こねこがとびつく

線路《せんろ》わきの子やぎ

崖《がけ》をのぼる白い子やぎを
電車の窓《まど》から見上げていた
遠くの町では
テレビで見守《みまも》る人もいた

柵《さく》から逃《に》げ出《だ》し
のびのびと草を食べる子やぎは

自由《じゆう》に動《うご》けない人々の
希望《きぼう》になった

ねえ、子やぎ
崖の上から
線路の先が見えるかい？
コロナが消《き》えた
自由な世界《せかい》が見えるかい？

3

植物《しょくぶつ》のうた

ジャンケンポン

さいしょはグー
ジャンケンポン
こぶしのつぼみが
ジャンケンポン

空にむかって花びらのばす
チョキでは負《ま》けるよ

大あわて
花びら大きくひらいたら
きれいにさいた
パーの勝《か》ち

海藻《かいそう》になる

満員《まんいん》電車は海の底《そこ》
ため息《いき》の泡《あわ》が上《のぼ》っていく
私《わたし》は泡を目で追《お》いながら
グレーの背広《せびろ》にはさまれて
足だけ地に着《つ》けゆれている
目的《もくてき》の駅《えき》に着くまでは
私は一つの海藻になる

やるせない流《なが》れに身《み》をまかせ
グレーの背広の海の中
ゆっくりゆれる海藻になる

校庭《こうてい》のくすのき

パパも
じいちゃんも
ひいじいちゃんも見上げた
大きなくすのき

クラスのみんなで
手をつないでかこんだ
灰色《はいいろ》のごつごつした幹《みき》
広がった枝《えだ》と葉《は》っぱは
みんなに日かげをつくる

風がふくと

ザワザワ音がして
鼻《はな》がスッとする
　　ゆっくり
　ゆっくり
大きくなあれ

あれ？
くすのきが言ったのかな

くすのきは
校庭のまん中で
ずっと
ぼくたちを見ていてくれる

ひまわりのうた

ひまわりはね
一つの大きな花に見えるけれど
たくさんの小さな花が集《あつ》まって
きれいに咲《さ》いているんだよ

黄色い花びらがついた花
茶色い花や赤い花
それぞれ個性《こせい》があるけれど
一本のしっかりした茎《くき》が
みんなを支《ささ》えているんだよ

クズのエリート

父さんとクズ・アワードに来た
クズに生まれたからは
一度《いちど》は見なさいと連《つ》れてこられた

今年もグランプリは吉野葛《よしのくず》
ずっと昔《むかし》から受賞《じゅしょう》を続《つづ》けている
エリート家系《かけい》なんだって
「グランプリ受賞者は熟練職人《じゅくれんしょくにん》により
つややかな葛餅《くずもち》に仕上《しあ》げられます」
準《じゅん》グランプリは留学生《りゅうがくせい》のカッコン
将来葛根湯《しょうらいかっこんとう》になって

ニンゲンの病気《びょうき》を治《なお》すんだって
受賞者たちはステージの上で
ケバケバのツルをまっすぐ伸《の》ばしている
「これからも　身《み》を粉《こ》にして働《はたら》きます」
スピーチもしっかりのエリートたち
観客席《かんきゃくせき》でグデって伸びている
あたしたち親子とは大違《おおちが》い

父さん、あたしたちも
役《やく》に立たなきゃダメなのかな
あたしは電線に巻《ま》き付《つ》いて
紫《むらさき》の花
咲《さ》かせるのが好《す》きなんだけど

コスモスの茎《くき》

風に身《み》をまかせ
ゆれるコスモス
そよ風に
薄桃色《うすももいろ》の花をゆらし
強風に
しなやかに茎を曲《ま》げる

太い茎は
しっかり大地に結《むす》びつく

強風のあとは
その身を起《お》こし
花を咲《さ》かせて
青空を仰《あお》ぐ

武家屋敷《ぶけやしき》の紅葉《もみじ》

手のひらを風に泳《およ》がせ
僕《ぼく》を誘《さそ》う
黄色いネイルの中で
中指《なかゆび》だけを赤く塗《ぬ》って

身《み》にまとう着物《きもの》は
赤、黄、緑《みどり》のグラデーション
つかの間の秋の夕日に輝《かがや》いている

まるで
一つの色に染《そ》まることを拒《こば》むように
会うたびに違《ちが》う色を見せる

君《きみ》を見上げて
僕は
君を彩《いろど》る
色の一つになる

アイビーの庭《にわ》

ブロック塀《べい》をのぼり
庭を這《は》いまわるアイビーは
かつて一本の支柱《しちゅう》を頼《たよ》り
極寒《ごっかん》のベランダで耐《た》えていた

小さな植木鉢《うえきばち》に植《う》えられ
家族《かぞく》と何度《なんど》も引《ひ》っ越《こ》しをした
ある春の日
庭にひっそりとおろされ
植木鉢から這い出した

春はスミレを囲《かこ》み

夏はトカゲに陰《かげ》を作る
秋はモミジを受《う》け止《と》め
冬は霜柱《しもばしら》をおおう

土越《ご》しに感《かん》じる
通勤《つうきん》の自転車《じてんしゃ》は車に代《か》わり
走り回った足音は
時には杖《つえ》と静《しず》かに響《ひび》く

アイビーは
家族の長い年月《としつき》を知っている
そしてこれからも
庭を這いながら
家族の日々を見守《みまも》っていく

4　地球《ちきゅう》のひとりごと

しもばしら

しもばしらは
ぎんいろに光るうでをのばし
みんなで
力を合わせて
地面《じめん》をもち上げる

冬の日ざしで
かがやきながらとけるまで
せいいっぱい
うでをのばす

オーロラ

凍《こお》る星空に一筋《ひとすじ》の白い光
やがて
そこから光のカーテンが降《お》りてくる
青と緑《みどり》の光

天空に広がるオーロラは
一瞬《いっしゅん》も止まることなく　そよぎ続《つづ》ける
かじかんだ手で
カメラのシャッターを切る間《ま》さえ与《あた》えずに

姿《すがた》を変《か》える
私《わたし》たちはカメラを捨《す》てて
空を見上げながら
雪原を走り続《つづ》けた
ふたりで見たオーロラを
ずっと忘《わす》れないように

辰年《たつどし》　元日

クリスマスの夜
沼《ぬま》の底《そこ》に棲《す》む竜神《りゅうじん》が
ショッピングモールに出張《しゅっちょう》した
来年は辰年　我《われ》の年と
全身《ぜんしん》を輝《かがや》かせアピールした

明《あ》けて元日
水の神《かみ》である竜神は
地の神の迷《まよ》いに付《つ》き合《あ》って

海の水を逆立《さかだ》てた
竜神よ
どうかあなたの年を
実《みの》り多き　おだやかな年にして下さい
切に祈《いの》る
辰年　元日

土の記憶《きおく》

種《たね》が
かたい地面《じめん》におちる
種からでたほそい根《ね》は
手さぐりで
地表《ちひょう》のすきまをさがし
幾層《いくそう》にもかさなる土に
ふかくもぐる

あしおと
たたかい
なみだ
ひかり

種は
土の記憶をすいあげ
いつしか
大樹《たいじゅ》になる

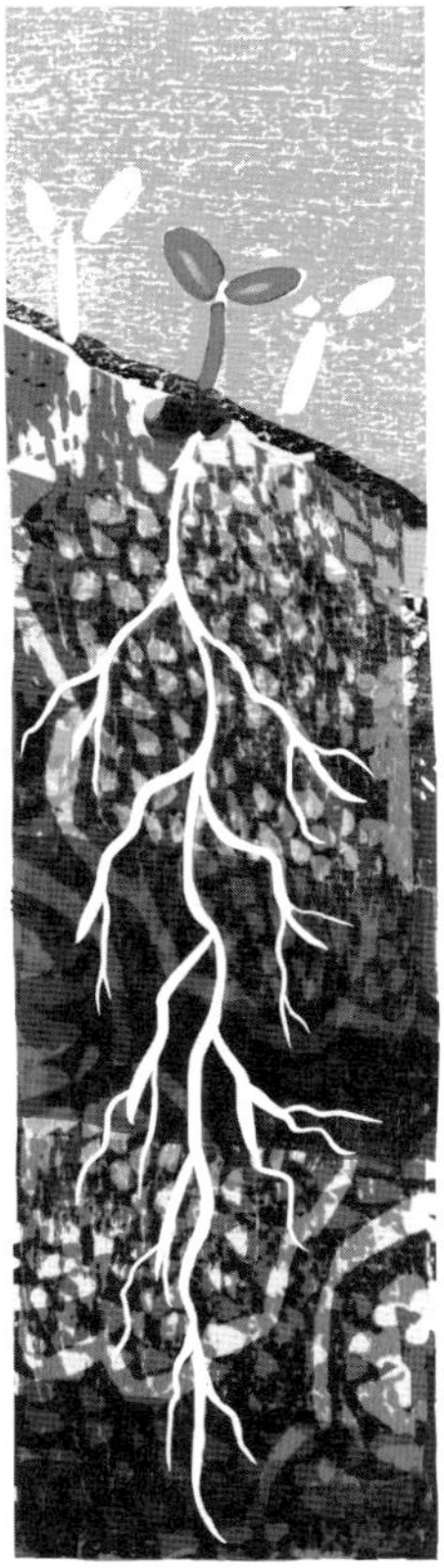

かあさん恐竜《きょうりゅう》の夢《ゆめ》

まるく並《なら》べたたまごから
つぎつぎに
赤ちゃん恐竜が生まれる
かあさん恐竜は
赤ちゃん恐竜を見つめて
夢を見ている

子どもたちが大きくなったら
みんなで草原に行こう

やわらかい草をおなかいっぱい食べて
広い草原で競争《きょうそう》しよう

かあさん恐竜は
赤ちゃん恐竜といっしょに
砂《すな》にうもれて
何千万年も
夢を見ている

海底《かいてい》の飛行機《ひこうき》

かつて
空の上で戦《たたか》っていた飛行機が
今
海の底《そこ》に沈《しず》んでいる

空の上で
弾丸《だんがん》が
飛行機の間を飛《と》び交《か》っていた

海の底で
魚たちが
飛行機の間を泳《およ》いでいる

空の上で
人間は
命《いのち》を落《お》とした

海の底で
魚たちは
命を育《はぐく》む

六つ目の大陸《たいりく》

次《つぎ》のオリンピックは南極《なんきょく》に決《き》まった
雪と氷《こおり》が溶《と》けて　硬《かた》い台地が現《あらわ》れたのだ
世界《せかい》のどこの国でもない
平和《へいわ》の祭典《さいてん》にふさわしい場所《ばしょ》だ

ヨーロッパ　南北アメリカ　アフリカ
アジア　オセアニア　南極
オリンピックのマークは
大陸を表《あらわ》す輪《わ》が六つになった
マラソンのゴールは南極点に決まり
世界中で上下逆《さか》さの地球儀《ちきゅうぎ》が売れた

南極大陸のあちこちで
建設工事《けんせつこうじ》が始《はじ》まった
好奇心旺盛《こうきしんおうせい》なペンギンたちが
巨大《きょだい》なスタジアムを取《と》り囲《かこ》んだ

暑《あつ》さと魚の減少《げんしょう》は
ペンギンたちを苦《くる》しめた
羽は抜《ぬ》け落《お》ち　体は痩《や》せて
見物《けんぶつ》のペンギンは減《へ》っていった

真新《まあたら》しいスタジアムで
世界中の選手《せんしゅ》が競《きそ》い合うころ
南極大陸から
最後《さいご》のペンギンが　消《き》えた

薄《うす》い地層《ちそう》

科学者《かがくしゃ》は頭をかかえる。
ほんとうに薄《うす》い
この時代《じだい》の人類《じんるい》が
生まれ　命《いのち》をつなぎ　死《し》んでいくサイクルを
多分二回繰《く》り返《かえ》す程《ほど》の時間を表《あらわ》している
この地層に。

本来ならば
ずっとずっと深《ふか》い
何億《おく》年という時代《じだい》をさかのぼるはずの化石《かせき》が
少し成分《せいぶん》を変《か》えて
この時代《じだい》にだけ

薄く広く重《かさ》なっているのだ。

この時代の地層には
ほかにも　過去《かこ》の成分が混《ま》じっている。
この時代の人類は
しばしば自分たちが生まれる前の地層から
石や油《あぶら》と化《か》した過去の生物《せいぶつ》を掘《ほ》り出《だ》し
使《つか》ったのだろうか。

科学者は一つの結論《けつろん》に達《たっ》した。
その時代の暦《こよみ》で西暦《せいれき》二千年前後の約《やく》百年
太古《たいこ》の命から作られた
プラスチックという物の
薄い　薄い地層だと。

虹《にじ》の兄弟

雨上がり
ぼくたち虹の兄弟は
ふたり一緒《いっしょ》に空に出る
ぼくがくっきりアーチを描《えが》く
その上に
兄さんがやわらかくアーチを描く

明るい青空は
ぼくだけを映《うつ》して
兄さんをそっと隠《かく》す
いつも一緒にいるのに
いつもぼくを見守《みまも》ってくれるのに

兄さんは
まだ泣《な》き足りない黒雲の空にだけ姿《すがた》を見せる

紫《し》 藍《らん》 青《せい》 緑《りょく》 黄《おう》 橙《とう》 赤《せき》

赤《せき》 橙《とう》 黄《おう》 緑《りょく》 青《せい》 藍《らん》 紫《し》

雨上がり
ぼくたち虹の兄弟は
ふたり一緒にアーチを描く

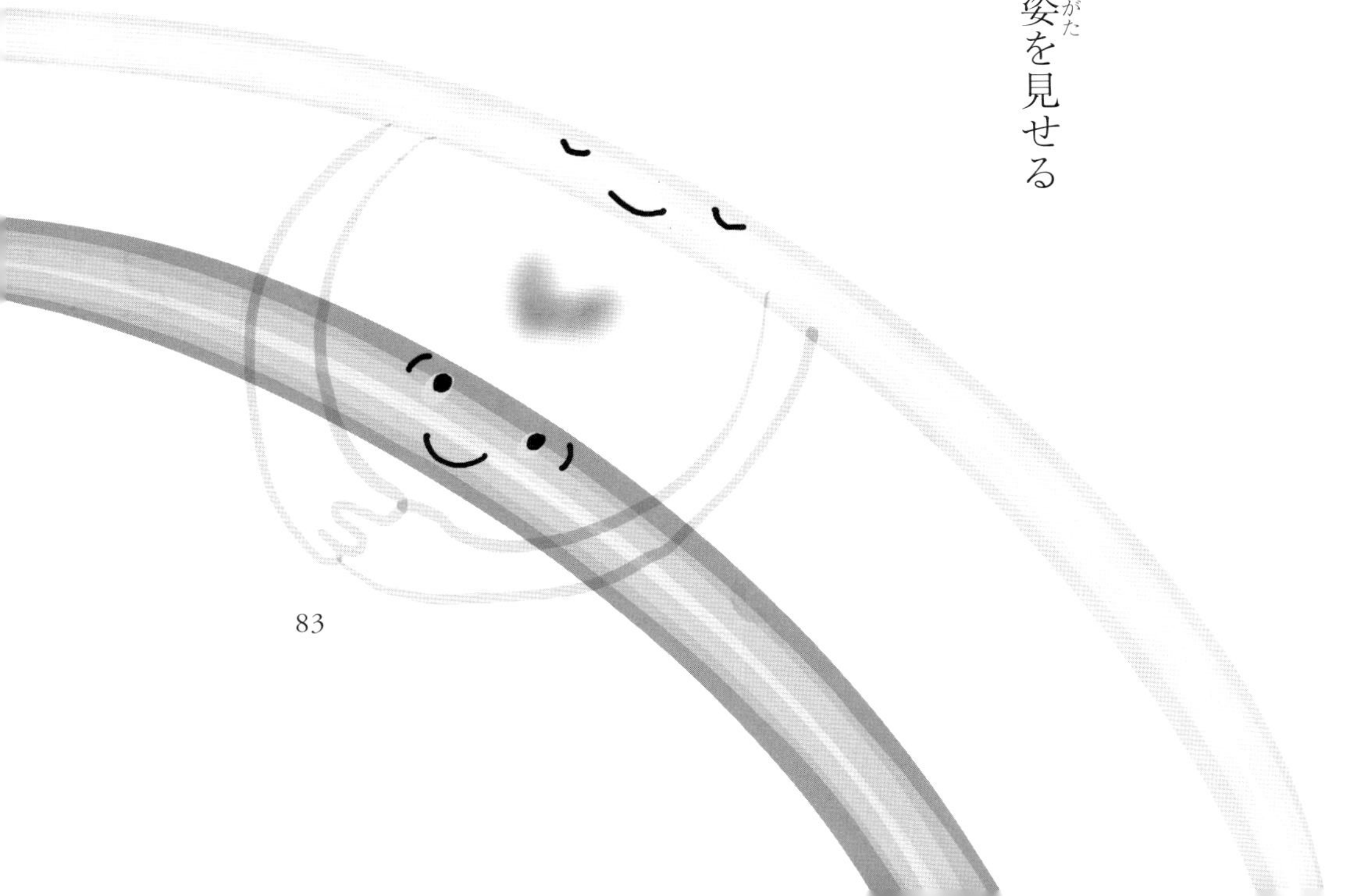

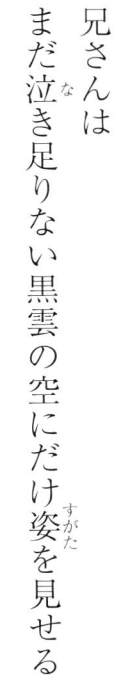

地球《ちきゅう》のひとりごと

わたしの上でくらしている
人間という小さきものは
わたしにぐっと穴《あな》を開《あ》け
中のものをほりだしたり
なにかを作ったり　いそがしい

最近《さいきん》顔があついのは
人間たちが押《お》し出《だ》した
シーオーツーのせいらしい
人間たちはわたしのために

減《へ》らす努力《どりょく》をしているらしい

それよりわたしの体の上で
ヒューヒュードンドンボウボウと
争《あらそ》い合うのを　やめないか
減《へ》らしたはずのシーオーツーが
どんどん増《ふ》えてきてないか？

このごろ吹《ふ》き出《で》ものや肌《はだ》あれを
気づけばポリポリかいている
ツメを立てたら滅《ほろ》びるような
わたしの上の生きものたちを
ながめて　四十六億《おく》年

あとがき

秋晴れの週末、「線路わきの子やぎ」のモデルのやぎに会いに行きました。やぎはポニョと名付けられ、今は公園で、佐助、草助という子やぎや、仲間のやぎたちとおだやかに暮らしています。

ポニョは２０２０年５月に千葉県内の飼い主の所から逃げ出し、京成本線線路わきの崖に棲み着きました。その姿はテレビやインターネットで取り上げられて日本中で有名になりました。東北や九州の友だちもテレビで見たそうです。京成本線は成田国際空港に向かう電車です。その頃は、新型コロナウイルスが拡がらないように、県境を越えた外出や旅行が制限されていて、電車の中にはあまり人がいませんでした。今は大きなスーツケースで海外に向かって旅立つ人や、海外から日本を訪れる人がたくさん乗っています。ポニョが見た線路の先が、ふたたび世界へとつながりました。

この『線路わきの子やぎ』は私の初めての詩集です。幼い頃に詩を書き始めて以来、出会ったたくさんの人に支えていただきました。家族、学生時代のクラスメートや先生、児童文学の仲間たち。特に「ふろむ」同人には毎月あたたかなアドバイスをもらいました。散らばった拙作をまとめ、刊行に導いて下さった銀の鈴社の皆様、生きものへの愛情あふれる絵を描いて下さったおむらまりこ様。そして、この詩集をご覧いただいたあなたへ。

どうもありがとうございました。

2025年1月

にしかわ　とよこ

著者紹介

詩　にしかわとよこ

詩人・児童文学作家。
1968 年生まれ。埼玉県出身。
日本児童教育専門学校児童文学専攻科卒。
日本児童文学者協会会員、信州児童文学会会員、「ふろむ」同人。
本書が初めての詩集になる。千葉県在住。

絵　おむらまりこ

絵本画家・図工教諭。武蔵野美術大学大学院修了。幼少よりカトリックの環境で育ち、その中で培われた精神を絵画表現の軸として創作活動を行っている。絵本『たいせつなおくりもの』『ながさきアンジェラスの鐘』（いずれもドン・ボスコ社）、『マザー・テレサ愛と祈りをこめて』（PHP 研究所）、『もうひとりのはかせ』（新教出版）、『いのちの時間』（銀の鈴社）JUJU『花』MV 等、作画を担当。

初出一覧

カエルが鳴いている　（銀の鈴社「子どものための少年詩集2014」改稿）
線路わきの子やぎ　（銀の鈴社「子どものための少年詩集2021」改稿）
校庭のくすのき　（「日本児童文学」2016年７・８月号）
土の記憶　（銀の鈴社「子どものための少年詩集2011」）
かあさん恐竜の夢　（銀の鈴社「子どものための少年詩集2015」改稿）
薄い地層　（銀の鈴社「子どものための少年詩集2020」改稿）
地球のひとりごと　（銀の鈴社「子どものための少年詩集2022」改稿）

NDC911
神奈川　銀の鈴社　2025
88頁　21cm（線路わきの子やぎ）

ジュニアポエムシリーズ　321　2025年3月9日初版発行
本体1,600円＋税

線路わきの子やぎ

著　　者　詩　にしかわとよこ©　おむらまりこ・絵©
発 行 者　西野大介
編集発行　㈱銀の鈴社　TEL 0467-61-1930　FAX 0467-61-1931
〒248-0017 神奈川県鎌倉市佐助1-18-21万葉野の花庵
https://www.ginsuzu.com
E-mail　info@ginsuzu.com

ISBN978－4－86618－178－3　C8092
落丁・乱丁本はお取り替え致します
印刷　電算印刷
製本　渋谷文泉閣

…ジュニアポエムシリーズ…

No.	詩	絵	書名	選定・受賞
1	鈴木敏史詩集	宮下琢郎・絵	星の美しい村	★☆
2	小池知子詩集	高志孝子・絵	おにわいっぱいぼくのなまえ	★☆
3	鶴岡千代子詩集	武田淑子・絵	白い虹	児文芸新人賞
4	楠木しげお詩集	久保雅勇・絵	カワウソの帽子	
5	津坂治男詩集	垣内美穂・絵	大きくなったら	★◇
6	後藤れい子詩集	山本まつ子・絵	あくたれぼうずのかぞえうた	
7	北村蔦子詩集	柿本幸造・絵	あかちんらくがき	
8	吉田瑞穂詩集	吉田翠・絵	しおまねきと少年	★⊠◎
9	新川和江詩集	葉祥明・絵	野のまつり	★☆
10	阪田寛夫詩集	織茂恭子・絵	夕方のにおい	★○◈☆
11	高田敏子詩集	若山憲・絵	枯れ葉と星	★☆
12	原田直友詩集	吉田翠・絵	スイッチョの歌	★◎
13	小林純一詩集	久保雅勇・絵	茂作じいさん	★♪◉☆◎
14	谷川俊太郎詩集	長新太・絵	地球へのピクニック	★◎◇
15	与田準一詩集	深沢省三・深沢紅子・絵	ゆめみることば	★
16	岸田衿子詩集	中谷千代子・絵	だれもいそがない村	
17	江間章子詩集	榊原直美・絵	水と風	◇◎
18	原田直友詩集	小野まり・絵	虹―村の風景―	★
19	福田正夫詩集	福田達夫・絵	星の輝く海	★☆
20	草野心平詩集	長野ヒデ子・絵	げんげと蛙	★☆○◇
21	宮田滋子詩集	青木まさる・絵	手紙のおうち	☆○
22	久保田昭三詩集	斎藤彬子・絵	のはらでさきたい	
23	鶴岡千代子詩集	加倉井和夫・武田淑子・絵	白いクジャク	★♪
24	尾上尚子詩集	まど・みちお・絵	そらいろのビー玉	児文協新人賞 ★☆
25	水上紅詩集	深沢紅子・絵	私のすばる	☆
26	野呂昶詩集	福島一二三・絵	おとのかだん	★
27	こやま峰子詩集	武田淑子・絵	さんかくじょうぎ	☆
28	青戸かいち詩集	駒宮録郎・絵	ぞうの子だって	
29	まきたかし詩集	福田達夫・絵	いつか君の花咲くとき	★☆♡
30	薩摩忠詩集	駒宮録郎・絵	まっかな秋	★☆♡
31	新川和江詩集	福島一二三・絵	ヤァ！ヤナギの木	★☆○♡
32	井上靖詩集	駒宮録郎・絵	シリア沙漠の少年	★☆♡
33	古村徹三詩・絵		笑いの神さま	
34	江上波夫詩集	青空風太郎・絵	ミスター人類	○☆
35	秋原秀夫詩集	鈴木義治・絵	風の記憶	★◎
36	水村三千夫詩集	武田淑子・絵	鳩を飛ばす	
37	久冨純江詩集	渡辺安芸夫・絵	風車　クッキングポエム	
38	日野生三詩集	吉野晃希男・絵	雲のスフィンクス	★
39	佐藤雅子詩集	佐藤太清・広瀬きよみ・絵	五月の風	★
40	小黒恵子詩集	武田淑子・絵	モンキーパズル	★
41	木村信子詩集	山本典子・絵	でていった	
42	中野栄子詩集	吉田翠・絵	風のうた	☆
43	宮田滋子詩集	牧村慶子・絵	絵をかく夕日	★
44	大久保ティ子詩集	渡辺安芸夫・絵	はたけの詩	★☆
45	秋原秀夫詩集	赤星亮衛・絵	ちいさなともだち	♥

☆日本図書館協会選定（2015年度で終了）　♪日本童謡賞　♧岡山県選定図書　◇岩手県選定図書
★全国学校図書館協議会選定（SLA）　♡日本子どもの本研究会選定　◆京都府選定図書
□少年詩賞　■茨城県すいせん図書　♥秋田県選定図書　⊠芸術選奨文部大臣賞
○厚生省中央児童福祉審議会すいせん図書　♣愛媛県教育会すいせん図書　◉赤い鳥文学賞　◈赤い靴賞

…ジュニアポエムシリーズ…

46 日友靖子詩集 藤城清治・安西明美・絵 猫曜日だから ◆☆
47 秋葉てる代詩集 武田淑子・絵 ハープムーンの夜に ♡
48 こやま峰子詩集 山本省三・絵 はじめのいーっぽ ★♡
49 黒柳啓子詩集 金子滋・絵 砂かけ狐 ♡
50 三枝ますみ詩集 武田淑子・絵 ピカソの絵 ☆♡♪
51 夢虹二詩集 武田淑子・絵 とんぼの中にぼくがいる ○♡♥
52 はたちよしこ詩集 まど・みちお・絵 レモンの車輪 □♧
53 大岡信詩集 葉祥明・絵 朝の頌歌 ★☆♡♥◎
54 吉田瑞穂詩集 吉田翠・絵 オホーツク海の月 ★☆♡
55 さとう恭子詩集 村上保・絵 銀のしぶき ★☆♡
56 星乃ミミナ詩集 葉祥明・絵 星空の旅人 ★☆♡
57 葉祥明詩・絵 ありがとう そよ風 ★♡▲
58 青戸かいち詩集 初山滋・絵 双葉と風
59 小野ルミ詩集 和田誠・絵 ゆきふるるん ★☆♪♡
60 なぐもはるき詩・絵 たったひとりの読者 ★♡♧
61 小関秀夫詩集 小倉玲子・絵 風《かざ》栞《しおり》 ★♡♥
62 海沼松世詩集 守下さおり・絵 かげろうのなか ☆♡
63 山本龍生詩集 小倉玲子・絵 春行き一番列車 ♡
64 小泉周二詩集 深沢省三・絵 こもりうた ★☆♡
65 かわてせいぞう詩集 若山憲・絵 野原のなかで ★♡♥
66 えぐちまき詩集 赤星亮衛・絵 ぞうのかばん ◆♡♥
67 池田あきつ詩集 小倉玲子・絵 天気雨 ♡
68 藤井則行詩集 君島美知子・絵 友へ ♡♤
69 藤哲生詩集 武田淑子・絵 秋いっぱい ★♠
70 日友靖子詩集 深沢紅子・絵 花天使を見ましたか ★
71 吉田瑞穂詩集 吉田翠・絵 はるおのかきの木 ★
72 小島禄琅詩集 中村陽子・絵 海を越えた蝶 ★☆♡♥
73 にしおまさこ詩集 杉田幸子・絵 あひるの子 ★
74 山下竹二詩集 徳田徳志芸・絵 レモンの木 ★
75 高崎乃理子詩集 奥山英俊・絵 おかあさんの庭 ★♡
76 檜きみこ詩集 広瀬弦・絵 しっぽいっぽん ★♪□☆♡
77 たかはしけいこ詩集 高田三郎・絵 おかあさんのにおい ♡♣□
78 星乃ミミナ詩集 深澤邦朗・絵 花かんむり ☆♥♡
79 佐藤照雄詩集 津波信久・絵 沖縄 風と少年 ☆♡★
80 相馬梅子詩集 やなせたかし・絵 真珠のように ♥★
81 小島禄琅詩集 深沢紅子・絵 地球がすきだ ★
82 鈴木美智子詩集 黒澤梧郎・絵 龍のとぶ村 ◇★♥
83 いがらしれいこ詩集 高田三郎・絵 小さなてのひら ☆
84 宮入黎子詩集 小倉玲子・絵 春のトランペット ☆★
85 下田喜久美詩集 方振寧・絵 ルビーの空気をすいました ☆
86 野呂昶詩集 方振寧・絵 銀の矢ふれふれ ★
87 ちよはらまちこ詩集 ちよはらまちこ・絵 パリパリサラダ ★
88 秋原秀夫詩集 徳田徳志芸・絵 地球のうた ☆★
89 中島あやこ詩集 井上緑・絵 もうひとつの部屋 ★
90 藤川こうのすけ詩集 葉祥明・絵 こころインデックス ☆

✲サトウハチロー賞
☼三木露風賞
♤福井県すいせん図書
▲神奈川県児童福祉審議会推薦優良図書
♠奈良県教育研究会すいせん図書
♧北海道選定図書
◇静岡県すいせん図書
◎学校図書館図書整備協会選定図書（SLBA）
✣毎日童謡賞
❀三越左千夫少年詩賞

…ジュニアポエムシリーズ…

91 新井 和詩集・高田 三郎・絵　おばあちゃんの手紙 ☆★
92 はなわたえこ詩集・えばとかつこ・絵　みずたまりのへんじ ★♪
93 柏木恵美子詩集・武田 淑子・絵　花のなかの先生 ☆
94 中原千津子詩集・寺内 直美・絵　鳩への手紙 ★
95 高瀬美代子詩集・小倉 玲子・絵　仲なおり ★
96 杉本深由起詩集・若山 憲・絵　トマトのきぶん ☆★◎ 児文芸新人賞
97 宍倉さとし詩集・守下さおり・絵　海は青いとはかぎらない ♧
98 石井 英行詩集・有賀 忍・絵　おじいちゃんの友だち ■
99 なかのひろ詩集・アサト・シェラ・絵　とうさんのラブレター ☆★
100 小松 静江詩集・藤川 秀之・絵　古自転車のバットマン
101 石原 一輝詩集・加藤 真夢・絵　空になりたい ☆✤★
102 小泉 周二詩集・西 真里子・絵　誕生日の朝 ☆■★
103 くすのきしげのり童謡・わたなべあきお・絵　いちにのさんかんび ☆★
104 成本 和子詩集・小倉 玲子・絵　生まれておいで ☆★✤♡♧
105 伊藤 政弘詩集・小倉 玲子・絵　心のかたちをした化石 ★
106 川崎 洋子詩集・井戸 妙子・絵　ハンカチの木 □★☆
107 柘植 愛子詩集・油野 誠一・絵　はずかしがりやのコジュケイ ✤
108 新谷智恵子詩集・葉 祥明・絵　風をください ☆◈☼♪♡✣
109 金親 尚子詩集・牧 進・絵　あたたかな大地 ☆
110 黒柳 啓子詩集・吉田 翠・絵　父ちゃんの足音 ☆★♡□
111 富田 栄子詩集・油野 誠一・絵　にんじん笛 ♡☆
112 原 国子詩集・高畠 純・絵　ゆうべのうちに ☆△
113 宇部 京子詩集・スズキコージ・絵　よいお天気の日に ○□♪☆◇★
114 武鹿 悦子詩集・牧野 鈴子・絵　お花見 ☆□
115 山本なおこ詩集・梅田 俊作・絵　さりさりと雪の降る日 ☆★
116 小林比呂古詩集・おおた慶文・絵　ねこのみち ☆
117 後藤れい子詩集・渡辺あきお・絵　どろんこアイスクリーム ☆
118 重清 良吉詩集・高田 三郎・絵　草の上 ☆□✿◆★
119 宮中 雲子詩集・西 真里子・絵　どんな音がするでしょか ✼★
120 前山 敬子詩集・若山 憲・絵　のんびりくらげ ☆★
121 川端 律子詩集・若山 憲・絵　地球の星の上で ♡
122 たかはしけいこ詩集・織茂 恭子・絵　とうちゃん ♡✿♣★
123 宮田 滋子詩集・深澤 邦朗・絵　星の家族 ☆♪
124 国沢たまき詩集・唐沢 静・絵　新しい空がある
125 池田あきつ詩集・小倉 玲子・絵　かえるの国 ★
126 黒田 恵子詩集・倉島千賀子・絵　ボクのすきなおばあちゃん ☆★♡
127 垣内 磯子詩集・宮崎 照代・絵　よなかのしまうまバス ☆♡★
128 小泉 周二詩集・佐藤 平八・絵　太陽へ ✿★♪☆♡
129 中島 和子詩集・秋里 信子・絵　青い地球としゃぼんだま ☆★
130 のろさかん詩集・福島 一二三・絵　天のたて琴 ☆
131 加藤 丈夫詩集・葉 祥明・絵　ただ今受信中 ☆★
132 北原 悠子詩集・深沢 紅子・絵　あなたがいるから ♡
133 池田もと子詩集・小倉 玲子・絵　おんぷになって ♡
134 鈴木 初江詩集・吉田 翠・絵　はねだしの百合 ★
135 垣内 磯子詩集・今井 俊・絵　かなしいときには ★

△長野県教育委員会すいせん図書　✡㈶日本動物愛護協会推薦図書
◈茨城県推奨図書　●児童ペン賞

…ジュニアポエムシリーズ…

…ジュニアポエムシリーズ…

181 新谷智恵子詩集 徳田徳志芸・絵 とびたいペンギン 佐世保文学賞 ♡★◎ ▲
182 牛尾良子詩集 牛尾征治・写真 庭のおしゃべり ♡★◎
183 三枝ますみ詩集 高見八重子・絵 サバンナの子守歌 ☆★
184 佐藤雅子詩集 佐藤太清・絵 菊池治子・絵 空の牧《まき》場《ば》 ☆★♡ ■◎◈
185 山内弘子詩集 おぐらひろかず・絵 思い出のポケット ♡★♪
186 山内弘子詩集 阿見みどり・絵 花の旅人 ♡★▲
187 原国子詩集 牧野鈴子・絵 小鳥のしらせ ♡★△ ◎
188 人見敬子 詩・絵 方《はこ》舟《ぶね》地球号 —いのちは元気— ♡★◎
189 林佐知子詩集 串田敦子・絵 天にまっすぐ ★☆♡ ◎
190 小臣富子詩集 渡辺あきお・絵 わんさかわんさかどうぶつさん ✡♡★ ◎
191 川越文子詩集 かまだちえみ・写真 もうすぐだからね ♡★◎
192 永田喜久男詩集 武田淑子・絵 はんぶんごっこ ☆★◎ ♡
193 吉田房子詩集 大和田明代・絵 大地はすごい ★◎♡ ▲
194 石井春香詩集 高見八重子・絵 人魚の祈り ★♡
195 石原一輝詩集 小倉玲子・絵 雲のひるね ♡
196 たかはしけいこ詩集 高橋敏彦・絵 そのあと ひとは ★
197 宮田滋子詩集 おおた慶文・絵 風がふく日のお星さま ★♡◎
198 渡辺恵美子詩集 つるみゆき・絵 空をひとりじめ ★♡♪
199 宮中雲子詩集 西真里子・絵 手と手のうた ★
200 杉本深由起詩集 太田大八・絵 漢字のかんじ ★♡❀
201 井上灯美子詩集 唐沢静・絵 心の窓が目だったら ★♡
202 峰松晶子詩集 おおた慶文・絵 きばなコスモスの道 ★♡
203 高橋文子詩集 山中桃子・絵 八丈太鼓 ★♡
204 長野貴子詩集 武田淑子・絵 星座の散歩 ★♡
205 江口正子詩集 高見八重子・絵 水の勇気 ♡☆★
206 藤本美智子 詩・絵 緑のふんすい ☆♡★
207 林佐知子詩集 串田敦子・絵 春はどどど ♡★◎
208 小関秀夫詩集 阿見みどり・絵 風のほとり ☆♡★ ▲
209 宗美津子詩集 宗信寛・絵 きたのもりのシマフクロウ ♡★
210 かわてせいぞう詩集 高橋敏彦・絵 流れのある風景 ☆♡★
211 土屋律子詩集 高瀬のぶえ・絵 ただいまぁ ★♡☆ ◎▲
212 永田喜久男詩集 武田淑子・絵 かえっておいで ☆♡★
213 みたみちこ詩集 牧進・絵 いのちの色 ♡★
214 糸永えつこ詩集 糸永わかこ・絵 母です 息子です おかまいなく ♡☆★
215 宮田滋子詩集 武田淑子・絵 さくらが走る ♡☆★ ♪
216 柏木恵美子詩集 吉野晃希男・絵 ひとりぼっちの子クジラ ♡★◎
217 江口正子詩集 高見八重子・絵 小さな勇気 ♡☆★
218 井上灯美子詩集 唐沢静・絵 いろのエンゼル ★♡
219 中島あやこ詩集 日向山寿十郎・絵 駅伝競走 ★☆♡
220 高橋孝治詩集 高見八重子・絵 空の道 心の道 ★♡
221 江口正子詩集 日向山寿十郎・絵 勇気の子 ♡☆★
222 宮田滋子詩集 牧野鈴子・絵 白鳥よ ☆★
223 井上良子詩集 銅版画 太陽の指環 ★
224 川越文子詩集 山中桃子・絵 魔法のことば ♡☆★
225 西本みさこ詩集 上司かのん・絵 いつもいっしょ ☆♡

…ジュニアポエムシリーズ…

- 226 おばらいちこ詩集 高見八重子・絵 ぞうのジャンボ ☆★♡
- 227 吉田房子詩集 本田あまね・絵 まわしてみたい石臼 ★♡
- 228 吉田房子詩集 阿見みどり・絵 花 詩 集 ★♡◎
- 229 田中たみ子詩集 唐沢静・絵 へこたれんよ ★◎
- 230 林佐知子詩集 串田敦子・絵 この空につながる ★♡
- 231 藤本美智子 詩・絵 心のふうせん ★♡
- 232 火星雅範詩集 西川律子・絵 ささぶねうかべたよ ★♡▲
- 233 吉田房子詩集 岸田歌子・絵 ゆりかごのうた ★♡
- 234 むらかみみちこ詩集 むらかみあくる・絵 風のゆうびんやさん ★♡
- 235 白谷玲花詩集 阿見みどり・絵 柳川白秋めぐりの詩 ★♡
- 236 ほさかとしこ詩集 内山つとむ・絵 神さまと小鳥 ★☆♡
- 237 内田麟太郎詩集 長野ヒデ子・絵 まぜごはん ♡☆▲★◎
- 238 小林比呂古詩集 出口雄大・絵 きりりと一直線 ♡★
- 239 牛尾良子詩集 おぐらひろかず・絵 うしの土鈴とうさぎの土鈴 ★◎♡
- 240 山本純子詩集 ルイコ・絵 ふ ふ ふ ◎★♡☆
- 241 神田亮 詩・絵 天使の翼 ★☆♡
- 242 かんざわみえ詩集 阿見みどり・絵 子供の心大人の心さ迷いながら ▲☆★◎
- 243 永田喜久男詩集 内山つとむ・絵 つながっていく ★☆♡
- 244 浜野木碧 詩・絵 海原散歩 ♡☆★◎
- 245 やまうちしゅうへい詩集 山本省三・絵 風のおくりもの ♡☆★◎
- 246 すぎもとれいこ 詩・絵 てんきになあれ ★◎
- 247 冨岡みち詩集 加藤真夢・絵 地球は家族 ひとつだよ ★♡☆◎
- 248 北野千賀詩集 滝波裕子・絵 花束のように ◎♡☆★
- 249 石原一輝詩集 加藤真夢・絵 ぼくらのうた ♡★◎
- 250 土屋律子詩集 高瀬のぶえ・絵 まほうのくつ ◎♡▲☆★
- 251 津坂治男詩集 井上良子・絵 白い太陽 ◎☆♡★
- 252 石井英行詩集 よしだちなつ・表紙絵 野原くん ◎☆▲★♡
- 253 井上灯美子詩集 唐沢静・絵 たからもの ☆♡★
- 254 大竹典子詩集 加藤真夢・絵 おたんじょう ☆★
- 255 たかはしけいこ詩集 織茂恭子・絵 流れ星 ★♡
- 256 谷川俊太郎詩集 下田昌克・絵 そして ♡★◎
- 257 なんば・みちこ詩集 布下満・絵 トックントックン大空で大地で ★◎
- 258 宮本美智子詩集 阿見みどり・絵 夢の中にそっと ★◎♡
- 259 成本和子詩集 阿見みどり・絵 天使の梯子 ★◎
- 260 海野文音詩集 牧野鈴子・絵 ナンドデモ ★♡
- 261 熊谷本郷詩集 永田萠・絵 かあさん かあさん ★♡
- 262 大楠翠詩集 吉野晃希男・絵 おにいちゃんの紙飛行機 ★♡♪
- 263 久保恵子詩集 たかせちなつ・絵 わたしの心は 風に舞う ★♡
- 264 みずかみさやか詩集 葉祥明・絵 五月の空のように ★♡
- 265 尾崎昭代詩集 中辻アヤ子・絵 たんぽぽの日 ★
- 266 はやしゆみ詩集 渡辺あきお・絵 わたしはきっと小鳥 ★
- 267 田沢節子詩集 永田萠・絵 わき水ぷっくん △★♡
- 268 柘植愛子詩集 そねはらまさえ・絵 赤いながぐつ ★♡
- 269 馬場与志子詩集 日向山寿十郎・絵 ジャンケンポンでかくれんぼ ♡★
- 270 内田麟太郎詩集 高畠純・絵 たぬきのたまご ★●♡

…ジュニアポエムシリーズ…

271 むらかみみちこ 詩・絵 家族のアルバム ★♡

272 井上和子詩集 吉田瑠美・絵 風のあかちゃん ★♡

273 佐藤一志詩集 日向山寿十郎・絵 自然の不思議 ♡★

274 小沢千恵 詩・絵 やわらかな地球 ♡★

275 あべこうぞう詩集 大谷さなえ・絵 生きているしるし ♡★

276 宮田滋子詩集 田中槇子・絵 チューリップのこもりうた ★♡

277 林佐知子詩集 葉祥明・絵 空の日 ★♡

278 いしがいようこ 詩・絵 ゆれる悲しみ ★♡

279 村瀬保子詩集 武田淑子・絵 すきとおる朝 ♡★

280 あわのゆりこ詩集 高畠純・絵 まねっこ ★♡

281 川越文子詩集 福田岩緒・絵 赤い車 ★♡

282 白石はるみ詩集 かないゆみこ・絵 エリーゼのために ★♡

283 尾崎杏子詩集 日向山寿十郎・絵 ぼくの北極星 ♡★

284 壱岐梢詩集 葉祥明・絵 ここに ★

285 野口正路詩集 山手正彦・絵 光って生きている ★◎

286 樋口てい子詩集 串田敦子・絵 ハネをもったコトバ ★◎

287 火星雅範詩集 西川律子・絵 ささぶねにのったよ

288 大楠翠詩集 吉野晃希男・絵 はてなとびっくり ★◎❀

289 大澤清詩集 阿見みどり・絵 組曲 いかに生きるか ★

290 たかはしけいこ詩集 織茂恭子・絵 いっしょ ★♡◎

291 内田麟太郎詩集 大野八生・絵 なまこのぽんぽん ★◎○

292 はやしゆみ詩集 はなてる・絵 こころの小鳥 ♡★◎

293 いしがいようこ 詩・絵 あ・そ・ぼ! ★♡◎

294 帆草とうか 詩・絵 空をしかくく切りとって ★♡

295 土屋律子詩集 吉野晃希男・絵 コピーロボット ★◎♡

296 川上佐貴子詩集 はなてる・絵 アジアのかけ橋 ♡★◎

297 西沢杏子詩集 東逸子・絵 さくら貝とプリズム ♡★◎

298 鈴木初江詩集 小倉玲子・絵 めぐりめぐる水のうた ★◎

299 白谷玲花詩集 牧野鈴子・絵 母さんのシャボン玉 ◎★

300 ゆふあきら詩集 ゆふくみこ・絵 やまぐちかおる・絵 すずめのバスケ ♡★◎

301 半田信和詩集 吉野晃希男・絵 ギンモクセイの枝先に ★◎

302 弓削田健介詩集 葉祥明・絵 優《やさ》しい詩《うた》のお守《まも》りを ★♡

303 内田麟太郎詩集 井上コトリ・絵 たんぽぽ ぽぽぽ ★◎♡

304 宮本美智子詩集 阿見みどり・絵 水色の風の街 ★◎♡

305 星野良一詩集 ながしまよいち・絵 星の声、星の子へ ◎♡★❀

306 うたかいずみ詩集 しんやゆう子・絵 あしたの木 ♪♡★◎

307 藤本美智子 詩・絵 木の気分 ♡★◎

308 大迫弘和詩集 葉祥明・絵 ルリビタキ ★◎

309 林佐知子詩集 高見八重子・絵 いのちの音 ★

310 森木林詩集 葉祥明・絵 あたたかな風になる ★♡

311 内田麟太郎詩集 かみやしん・絵 たちつてと ★♡

312 星野良一詩集 ながしまよいち・絵 スターライト ★◎♡

313 雨森政恵詩集 おむらまりこ・絵 いのちの時間 ★◎

314 神内八重詩集 田辺玲・絵 あたま なでてもろてん

315 網野秋詩集 西川律子・絵 ことばの香り

ジュニアポエムシリーズは、子どもにもわかる言葉で真実の世界をうたう個人詩集のシリーズです。

本シリーズからは、毎回多くの作品が教科書等の掲載詩に選ばれており、1974年以来、全国の小・中学校の図書館や公共図書館等で、長く、広く、読み継がれています。

心を育むポエムの世界。

一人でも多くの子どもや大人に豊かなポエムの世界が届くよう、ジュニアポエムシリーズはこれからも小さな灯をともし続けて参ります。

316 イイジマヨシオ詩集 ねむの木学園のこどもたち・絵 木のなかの時間

317 藤本美智子 詩・絵 わたしの描いた詩

318 帆草とうか 詩・絵 その日、少女は 少年は Ⅰ

319 帆草とうか 詩・絵 その日、少女は 少年は Ⅱ

320 いのまたみちこ詩集 串田 敦子・絵 ありがとうの花

321 にしかわとよこ詩集 おむらまりこ・絵 線路わきの子やぎ

＊刊行の順番はシリーズ番号と異なる場合があります。

銀の小箱シリーズ
四六変型

- 葉 祥明・詩・絵　小さな庭
- 若山 憲・詩・絵　白い煙突
- こばやしひろこ・詩　うめざわのりお・絵　みんななかよし
- 江口 正子・詩　油野 誠一・絵　みてみたい
- やなせたかし 詩・絵　あこがれよなかよくしよう
- 冨岡 みち・詩　関口 コオ・絵　ないしょやで
- 小林比呂古・詩　神谷 健雄・絵　花かたみ
- 小泉 周二・詩　辻 友紀子・絵　誕生日・おめでとう
- 柏原 耿子・詩　阿見みどり・絵　アハハ・ウフフ・オホホ★♡▲
- こばやしひろこ・詩　うめざわのりお・絵　ジャムパンみたいなお月さま★▲

小さな詩の絵本
オールカラー・A6判

- 内田麟太郎・詩　たかすかずみ・絵　いっしょに♡★◎

すずのねえほん
B5判・A4変型版

- たかはしけいこ・詩　中釜浩一郎・絵　わたし★◎
- 尾上 尚子・詩　小倉 玲子・絵　ぽわぽわん
- 糸永えつこ・詩　高見八重子・絵　はるなつあきふゆもうひとつ★ 児文芸新人賞
- 山口 敦子・詩　高橋 宏幸・絵　ばあばとあそぼう
- あらい・まさはる・童謡　しのはらはれみ・絵　けさいちばんのおはようさん
- 佐藤 雅子・詩　佐藤 太清・絵　こもりうたのように♪ 美しい日本の12ヵ月 日本童謡賞
- 柏木 隆雄・詩　やなせたかし他・絵　かんさつ日記★♡
- マリウス・マルツィンケヴィチウス・詩　ラサ・ヤンチャウスカイテ・絵　きむらあや・訳　ちいさなちいさな♡◎★

銀の鈴文庫
文庫サイズ・A6判

- 小沢 千恵・詩　下田 昌克・絵　あのこ♡▲

アンソロジー
A5判

- 渡辺 浦人・編　村上 保・絵　赤い鳥 青い鳥♪
- わたげの会・編　渡辺あきお・絵　花ひらく★
- 木曜会・編　西 真里子・絵　いまも星はでている★
- 木曜会・編　西 真里子・絵　いったりきたり♡
- 木曜会・編　西 真里子・絵　宇宙からのメッセージ
- 木曜会・編　西 真里子・絵　地球のキャッチボール★◎
- 木曜会・編　西 真里子・絵　おにぎりとんがった☆★◎
- 木曜会・編　西 真里子・絵　みぃーつけた♡★◎
- 木曜会・編　西 真里子・絵　ドキドキがとまらない
- 木曜会・編　西 真里子・絵　神さまのお通り★
- 木曜会・編　西 真里子・絵　公園の日だまりで★♡
- 木曜会・編　西 真里子・絵　ねこがのびをする♡★

掌の本 アンソロジー
A7判

- こころの詩 I 品切
- しぜんの詩 I
- いのちの詩 I 品切
- ありがとうの詩 I 品切
- 詩集 希望
- 詩集 家族
- いのちの詩集―いきものと野菜
- ことばの詩集―方言と手紙
- 詩集―夢・おめでとう
- 詩集―ふるさと・旅立ち

掌の本
A7判

- 森埜こみち・詩　こんなときは！